Inhaltsverzeichnis

Passend zu diesem Themenheft erhalten Sie **eine Animationen** und **interaktive Angebote kostenlos** für die Kinder.

Einfach den QR-Code scannen.

Ägypten

Vorwort der Autorin

Ägypten – ein Zeitraum, der einige Tausend Jahre umfasst und kaum vorstellbar ist. Und dennoch können sich Ihre Kinder mit den Materialien des vorliegenden Themenheftes auf die faszinierende Entdeckungsreise zum Ursprung einer Zivilisation begeben.

Die vorliegenden Materialien sind fächerübergreifend. Sie enthalten grundlegende Angebote, die die Anforderungen der Richtlinien und der Lehrpläne Sachunterricht, Deutsch und Kunst abdecken. Daneben werden zusätzliche Arbeitsanlässe angeboten, die ergänzend im Deutsch- und Sachunterricht eingesetzt werden können, aber auch zahlreiche Materialien zum Bereich Gestaltung.

Die Reihenfolge der Themenschwerpunkte kann variiert werden. Im Grundlagenteil gibt es zu jedem Themenschwerpunkt zwei Angebote mit unterschiedlichen Schwierigkeitsgraden. Die Schwierigkeitsgrade sind mit (1. Differenzierung) oder (2. Differenzierung) gekennzeichnet. Die Materialien können daher zur inneren Differenzierung oder als vorbereitende oder vertiefende Hausaufgabe eingesetzt werden.

Am Ende der Zusatzangebote (ab S. 36) finden Sie ein Kontrollblatt „Was hast du behalten?“ (s. S. 43). Es kann als Selbstkontrolle für die Kinder oder als Lernzielkontrolle eingesetzt werden. Dieses Blatt kann auch interaktiv am Rechner ausgefüllt werden.

Die Aufgabenstellungen sind unterschiedlich formuliert: Einige Aufgaben sind auf der Kopie des Arbeitsblattes auszuführen, andere sind auf einem Linienblatt zu bearbeiten. Es empfiehlt sich daher, dass jedes Kind seine Arbeitsergebnisse in einer Mappe sammelt und vielleicht am Ende der Unterrichtseinheit zu seinem „Ägypten-Buch“ binden kann.

Ich wünsche Ihnen viel Spaß und Erfolg auf Ihrer Entdeckungsreise in das Alte Ägypten!

Eva-Maria Schmidt

Hinweise, Informationen und Tipps

Die Seiten zur Medienkompetenz (S. 8–10) können variabel eingesetzt werden – zum Einstieg, zum Festigen und Präsentieren, für intensive Medienstunden oder immer wieder zwischendurch. Sie entsprechen verschiedenen Bereichen des Lehrplans zur Medienkompetenz.

Vorschläge für einen möglichen Einstieg ins Thema:

- „Stummer Impuls" – Bildimpuls siehe Seite 21–24: Die Bilder von den Pyramiden, von Tutanchamun und Nofretete und von den Hieroglyphen eignen sich gut für einen Einstieg. Die Kinder werden neugierig. Gleichzeitig kann schon eventuelles Vorwissen abgefragt werden.
- Erstellen einer Mindmap: Um das Vorwissen festzuhalten und das Thema etwa zu gliedern, kann gemeinsam an der Tafel oder dem Whiteboard eine Mindmap entwickelt werden.
- Typisches Motiv aus dem Alten Ägypten (z. B. Pyramiden) auf Folie kopieren, mit einem (in kleine Teile zerschnittenen) Blatt Papier abdecken und die Teile nach und nach entfernen. Die Kinder raten, was auf dem Bild zu erkennen ist und äußern ihre Gedanken dazu.
- Eckengespräch: Die Kinder der Klasse werden in vier Gruppen (Pro Gruppe maximal sechs Kinder!) aufgeteilt. In jeder Ecke des Klassenraums werden ein großes Plakat (DIN A1 oder DIN A2), zwei dicke Stifte sowie jeweils unterschiedliche Fragen zum Thema bereitgelegt. Mögliche Fragen zum Thema „Das Alte Ägypten":
  - Welche großen Bauwerke errichteten die Alten Ägypter?
  - Was weißt du über die Könige im Alten Ägypten?
  - Woran glaubten die Ägypter früher?
  - …

  Die Kinder einer jeden Gruppe sollen über ihre Frage miteinander ins Gespräch kommen und ihre Ergebnisse auf dem Plakat festhalten. Nach etwa fünf Minuten wechseln die Gruppen jeweils zur nächsten Ecke. Das Eckengespräch ist beendet, wenn jede Gruppe einmal in jeder Ecke war.

Hinweis zum Kopieren:

Für das Bastelangebot zum Thema „Mumifizierung" muss Seite 18 (Sargdeckel / Sargboden) zweimal kopiert werden.

Übersicht über Einstiegs-Angebote, Schwerpunktthemen und Zusatzangebote

Einstieg:

Schwerpunktthemen:

Zusatzangebote:

Medienkompetenz – Aufträge

Informieren und Recherchieren

- Suche dir einen Pharao oder eine Pharaonin aus und suche nach Informationen. Nutze mindestens zwei verschiedene Quellen. Schreibe auf, wo du die Informationen gefunden hast.
  Tipps:
  www.helles-koepfchen.de
  klexikon.zum.de/wiki/Altes_Ägypten
  www.geo.de/geolino/wissen/16557-thma-altes-aegypten
  www.kinderzeitmaschine.de/fruehe-kulturen/aegypten
- Recherchiere im Internet oder in Büchern zu Pyramiden. Sprecht euch in der Klasse ab, wählt möglichst verschiedene Pyramiden.
  Tipp: *www.zdf.de/kinder/purplus/pyramiden-106.html*

Wichtig: Schreibe auf, was du wann wo gefunden hast!

Medienkompetenz – Aufträge

Kommunizieren und Kooperieren

- Erzählt euch von euren Recherche-Ergebnissen. Wo findet ihr leicht Informationen? Wo ist es schwierig, glaubwürdige Angaben zu finden? Besprecht eure Such-Strategien und notiert euch die wichtigsten Tipps.
- Stellt euch gegenseitig eure Steckbriefe zu den Pyramiden vor. Besprecht gemeinsam, welche Steckbriefe besonders gut gelungen sind. Wählt drei Beiträge für eine Ausstellung aus.
- Besprecht eure Erkenntnisse über Pharaonen. Gebt euch gegenseitig Tipps, wo ihr noch mehr Informationen finden könnt oder was ihr verbessern könnt.

BVK • Eva-Maria Schmid • Themenheft Geschichte „Ägypten"

Medienkompetenz – Aufträge

Produzieren und Präsentieren

- Erstelle einen Steckbrief zu dem Pharao/der Pharaonin aus deiner Recherche-Aufgabe. Gestalte den Steckbrief ansprechend. Du kannst Bilder aus dem Internet nutzen oder etwas zeichnen.
- Erstelle einen Steckbrief zu einer Pyramide. Ihr könnt die Steckbriefe zu den verschiedenen Pyramiden sammeln und zu einem Buch binden oder sie an einer Präsentationswand ausstellen.
- Baut gemeinsam eine eigene Pyramide. Überlegt zunächst, welches Material sich eignet. Ob aus Pappe, Holz, Styropor oder Ton – denkt daran, dass die Pyramide stabil sein soll. Macht euch auch über die Größe Gedanken.
- Erstellt jeweils ein Lernplakat zum Alten Ägypten. Legt die Plakate in der Klasse aus und führt einen Museumsrundgang durch. (Dabei wird nur gelobt, nicht negativ kritisiert.)

Medienkompetenz – Aufträge

Analysieren und Reflektieren

- Überlegt zu zweit:
  Was ist vom Alten Ägypten am bekanntesten?
  Welche Informationen, die ihr gefunden habt, haben euch überrascht?
  Findet ihr, dass die Informationen zum Alten Ägypten ausgewogen dargestellt werden?
  Was ist mit der Rolle der Frauen zu der Zeit?
  Warum ist Tutanchamun bekannter als Nofretete?
  Was wird über das Leben der Kinder berichtet?
  Welche Aspekte fehlen in der üblichen Berichterstattung über das Alte Ägypten?
- Schaue dir die Quellen für deine Informationen noch einmal an und bewerte sie:
  Welche Quellen waren gut und haben verständliche und nachweisbare Informationen geliefert?

BVK • Eva-Maria Schmid • Themenheft Geschichte „Ägypten“

Medienkompetenz – Steckbriefe

Pharaonen-Steckbrief

Name: ______________________

Aussehen: ______________________

____

____

Besonderheiten: ______________________

____

____

____

✂ ....

Pyramiden-Steckbrief

Name: ______________________

Lage: ______________________

Höhe: ______________________

Breite: ______________________

Aussehen: ______________________

Besonderheiten: ______________________

____

____

BVK • Eva-Maria Schmid • Themenheft Geschichte „Ägypten"

Medienkompetenz – Lernplakat Das Alte Ägypten

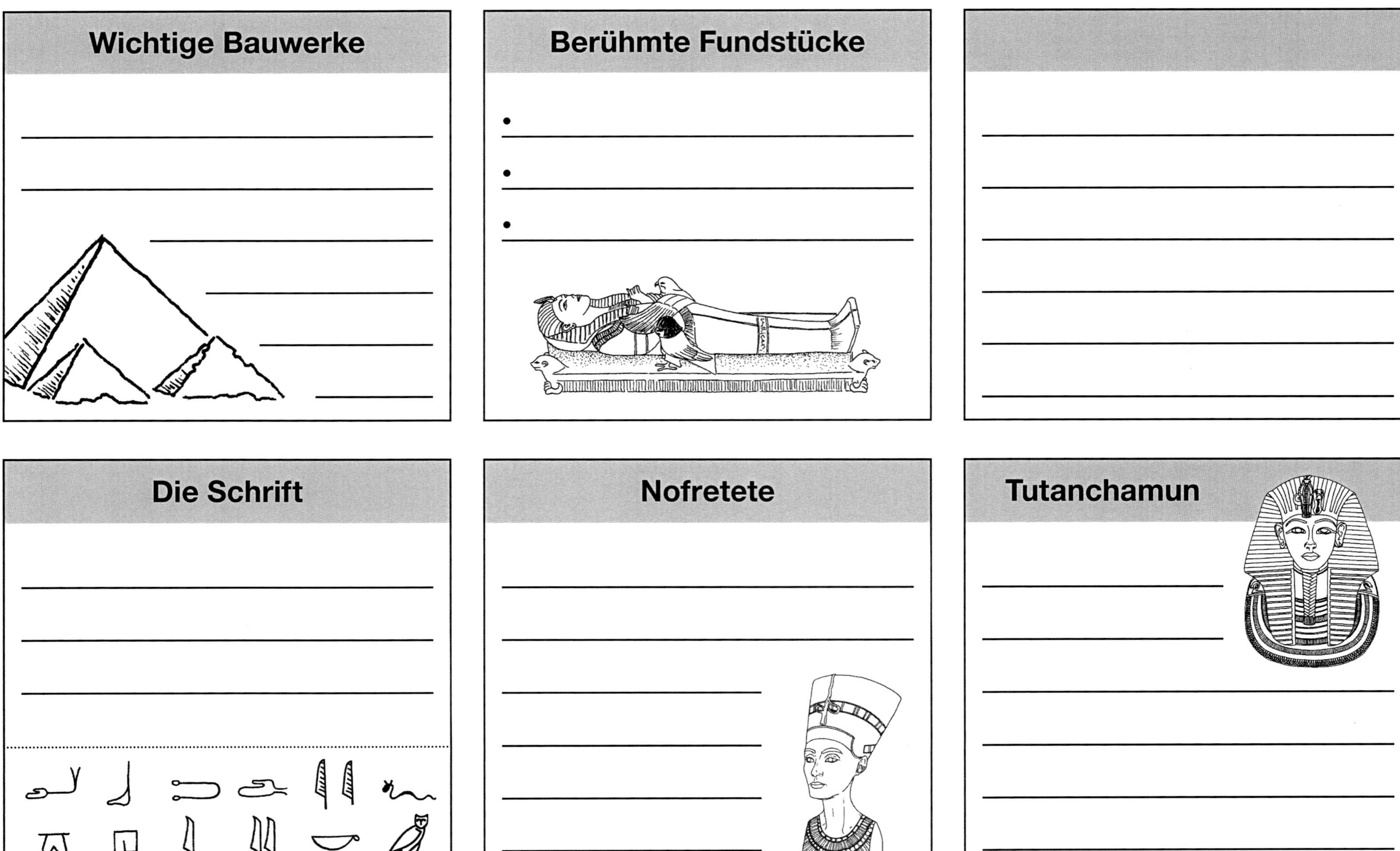

Name: ______________________________ Datum: ______________

Wo liegt Ägypten?

Aufgaben:

1. Hier siehst du eine Weltkarte. Färbe zunächst alle Meere blau, dann die Erdteile mit unterschiedlichen Farben deiner Wahl.
2. Setze in die Wortkarten die Namen der Erdteile ein:
   Europa – Asien – Afrika – Australien – Nordamerika – Südamerika – Antarktis
   Wenn du dir unsicher bist, überlegt zu zweit oder schaue in einem Buch oder im Internet nach. **Tipp:** *www.helles-koepfchen.de*
3. Umrande nun deutlich die Grenzen Ägyptens mit einem Filzstift.
4. Setze in den Satz unter der Weltkarte ein, in welchem Erdteil Ägypten liegt.

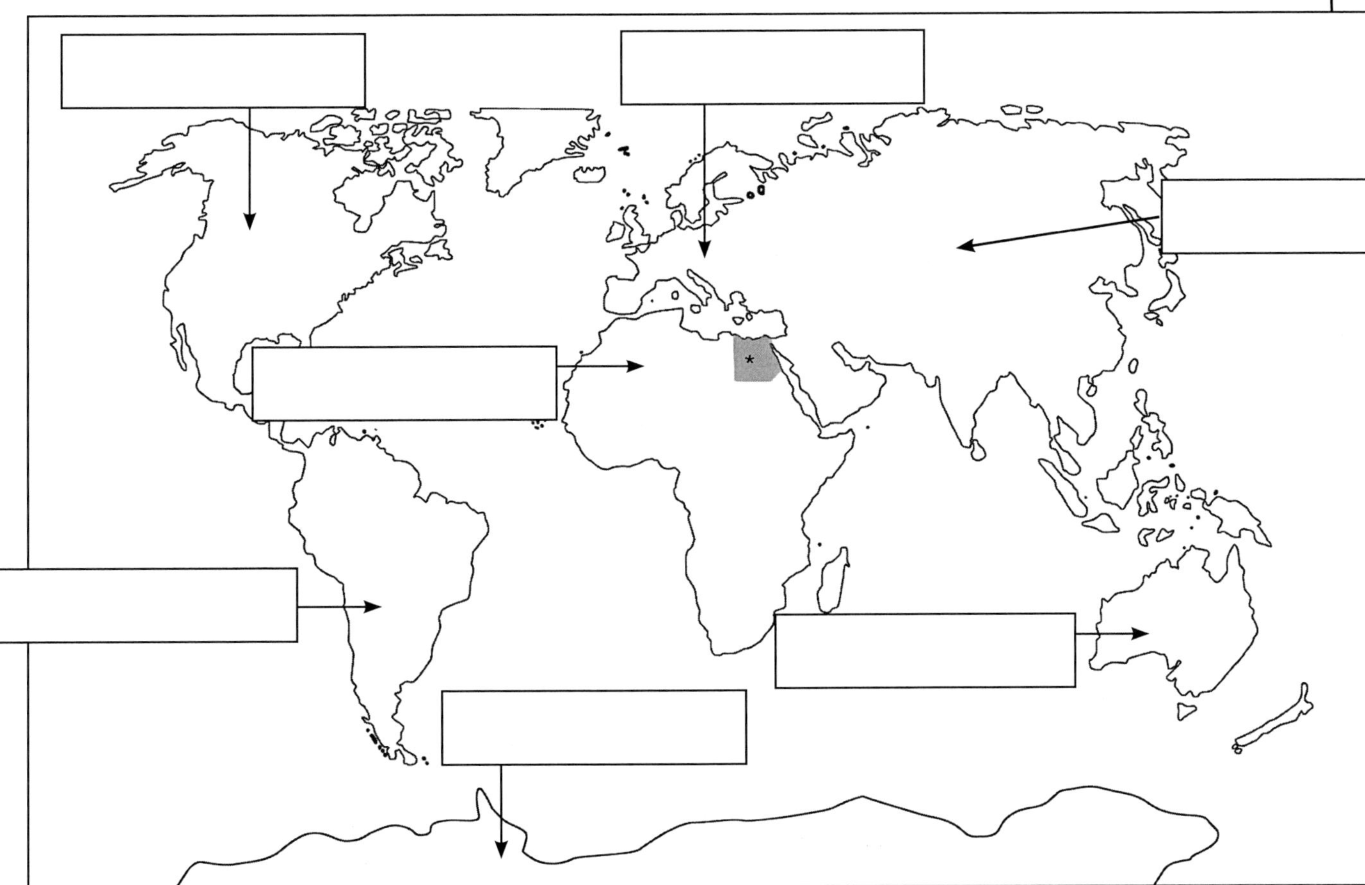

*Ägypten liegt im Norden von ______________________________ .

Name: ______________________________ Datum: ____________

Eine Zeitleiste (1)

Aufgaben:

1. Bastle eine Zeitleiste. Klebe zwei DIN-A4-Blätter an den kurzen Seiten aneinander.
2. Schneide nun die drei Streifen der Zeitleiste aus und klebe sie an den Laschen aneinander auf die Blätter.
3. Die Striche sind nach jeweils 100 Jahren eingezeichnet. Trage nun die Tausenderzahlen und die Fünfhunderterzahlen ein. Schreibe die Zahlen vor Beginn der Zeitrechnung (Christi Geburt) in Rot, die Zahlen danach in Blau.
   Schreibe so: 3000 v. Chr., 2500 v. Chr., 2000 v. Chr. … usw. 500 n. Chr., 1000 n. Chr. usw. …
4. Schneide dann die Bild- und Textkästen aus und klebe sie an deine Zeitleiste.
   Verbinde die Kästen mit dem entsprechenden Jahr.
5. Auf der Zeitleiste erkennst du Pfeile nach vorne und nach hinten.
   Kannst du dir denken warum?

Bau des Tempels bei Abu Simbel
(etwa 1250 v. Chr.)

Kleopatra
(etwa 50 v. Chr.)

Totenmaske von Tutanchamun (etwa 1350 v. Chr.)

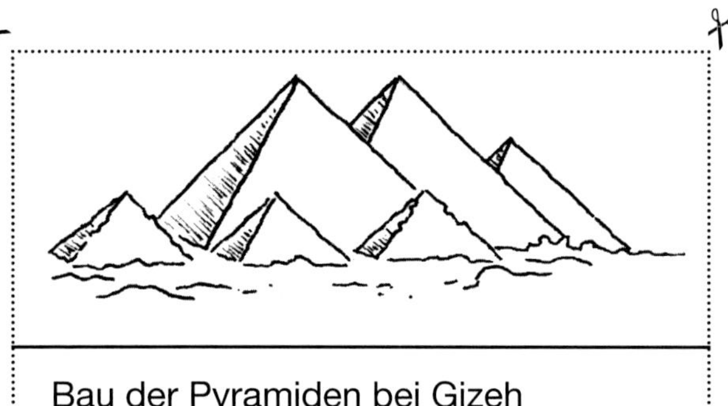

Bau der Pyramiden bei Gizeh
(etwa 2500 v. Chr.)

Name: ______________________ Datum: ____________

Eine Zeitleiste (2)

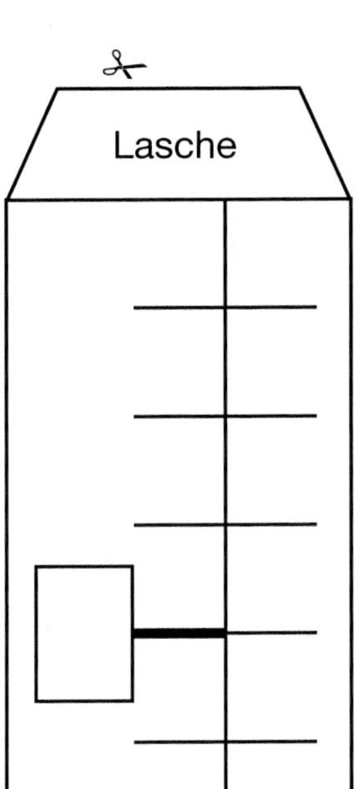

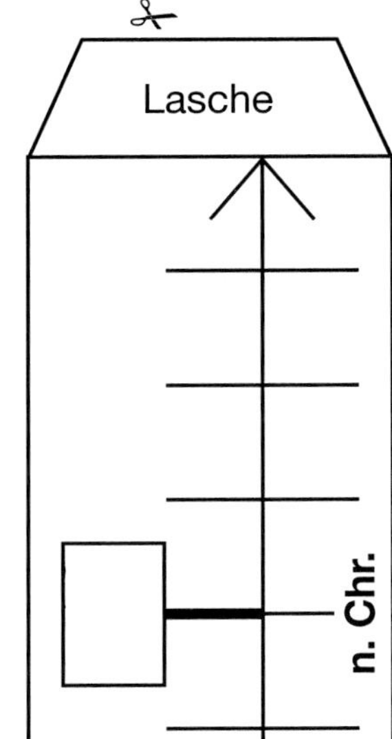

Nofretete
(um 1350 v. Chr.)

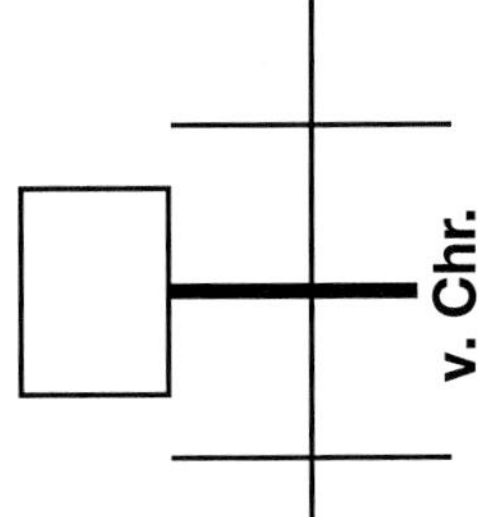

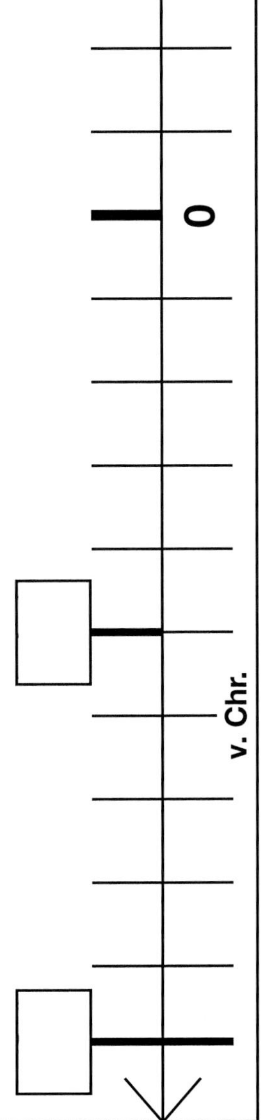

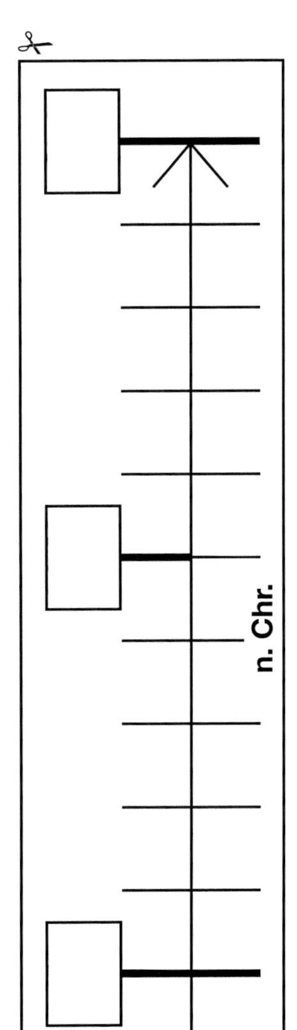

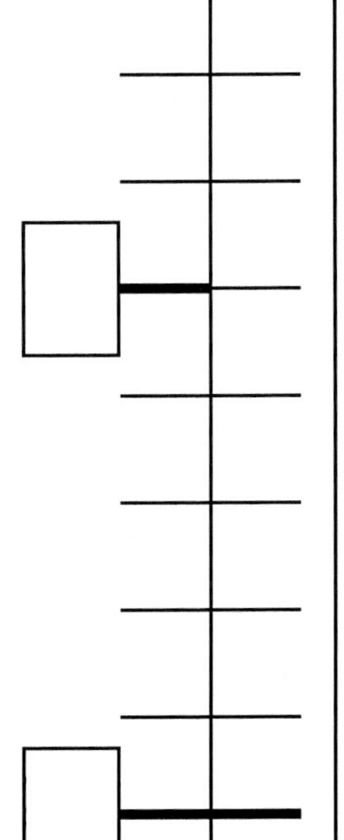

Name: ______________________ Datum: ____________

Pyramiden – Bauwerke für die Ewigkeit

Aufgaben:

1. Lies den Text.
2. Schneide die Bilder der Pyramiden aus. Klebe sie in der Reihenfolge auf ein Blatt, in der sie im Laufe der Zeit im Alten Ägypten gebaut wurden.
   Schreibe dazu: **Stufenpyramide – Knickpyramide – glatte Pyramide**

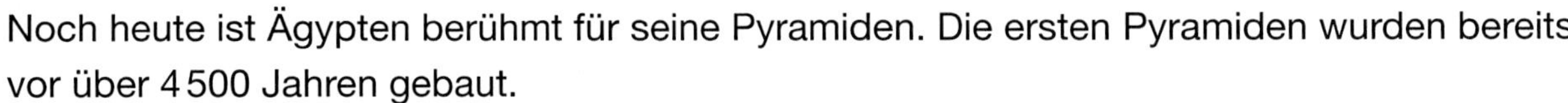

Noch heute ist Ägypten berühmt für seine Pyramiden. Die ersten Pyramiden wurden bereits vor über 4500 Jahren gebaut.

Eine Pyramide ist ein riesiges Bauwerk, in dem ein Pharao begraben wurde. Das war der König bei den Ägyptern. Der Pharao ließ sich sein Grabmal schon lange vor seinem Tod bauen. Er achtete darauf, dass es prächtig ausgestattet und sicher vor Grabräubern errichtet wurde.

Die Ägypter glaubten, dass die göttliche Seele des Pharaos nach seinem Tod in den Himmel fliegt und zur Sonne zurückkehrt. So bauten sie die ersten größeren Pyramiden auch stufenförmig. Sie nahmen an, dass der Pharao diese Stufen auf seinem Weg zur Sonne benutzen würde.
Später ging man zu einer Pyramidenform mit glatten Seitenflächen über, die jedoch zunächst nach oben abgeknickt waren.
Schließlich baute man Pyramiden mit durchgehend glatten Wänden.
Die bekanntesten sind die Cheops-Pyramide und die Chephren-Pyramide in der Nähe der heutigen ägyptischen Hauptstadt Kairo.

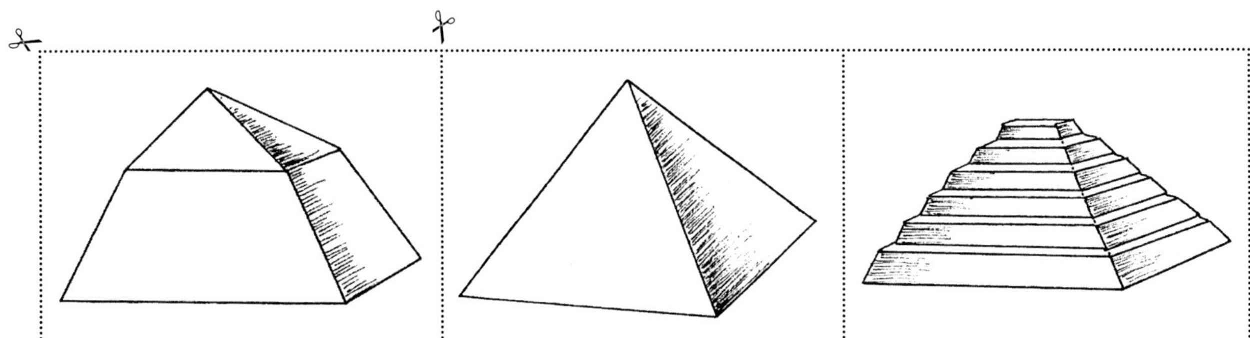

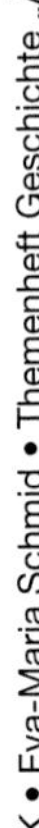

Name: ______________________________ Datum: ______________

Die Cheops-Pyramide

Aufgaben:

1. Lies den Text.
2. Hier siehst du einen Querschnitt durch eines der berühmtesten Bauwerke unserer Erde: die Pyramide des Pharao Cheops. Schreibe auf die Linien, was du auf dem Plan erkennst. Der Informationstext hilft dir.
3. Arbeitet nun zu zweit oder zu dritt. Ihr bildet ein Team aus Baumeistern und sollt eine Pyramide entwerfen und zeichnen. Beachtet: In eurer Pyramide soll ein Pharao mit riesigen Schätzen sein Grab finden und sicher vor Grabräubern geschützt sein!

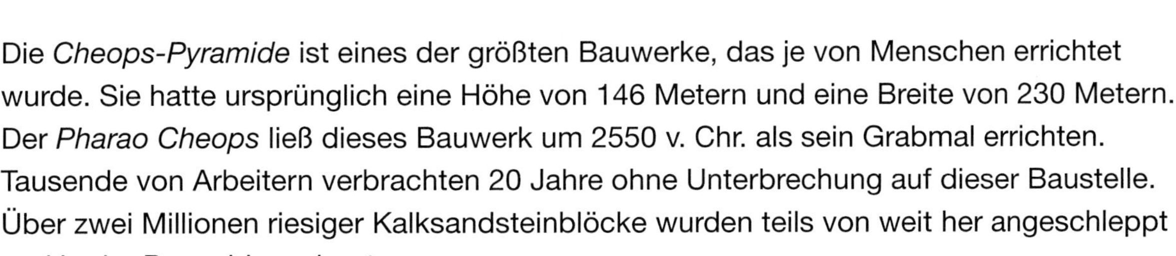

Die *Cheops-Pyramide* ist eines der größten Bauwerke, das je von Menschen errichtet wurde. Sie hatte ursprünglich eine Höhe von 146 Metern und eine Breite von 230 Metern. Der *Pharao Cheops* ließ dieses Bauwerk um 2550 v. Chr. als sein Grabmal errichten. Tausende von Arbeitern verbrachten 20 Jahre ohne Unterbrechung auf dieser Baustelle. Über zwei Millionen riesiger Kalksandsteinblöcke wurden teils von weit her angeschleppt und in der Pyramide verbaut.
Wie alle Pyramiden hat sie tief im Innern eine Grabkammer für den Sarkophag. Die Nebenräume wurden mit Gegenständen ausgestattet, die der Pharao nach altem ägyptischen Glauben im Jenseits brauchte.
Durch die Gänge 1, 2 und 3 erreicht man die beiden unvollendeten Grabkammern 4 und 5. Durch die große Galerie 6 gelangt man in die Königskammer 7, in der der leere Sarkophag gefunden wurde. Die Luftschächte 8 und 9 führen ins Freie. Der Gang 2 wurde nach Beendigung der Bauarbeiten mit Felsblöcken verschlossen.
Im Jahr 2023 wurde noch eine kleine Kammer 10 entdeckt, die von Gang 1 abgeht.

1. ______________
2. ______________
3. ______________
4. ______________
5. ______________
6. ______________
7. ______________
8. ______________
9. ______________
10. ______________

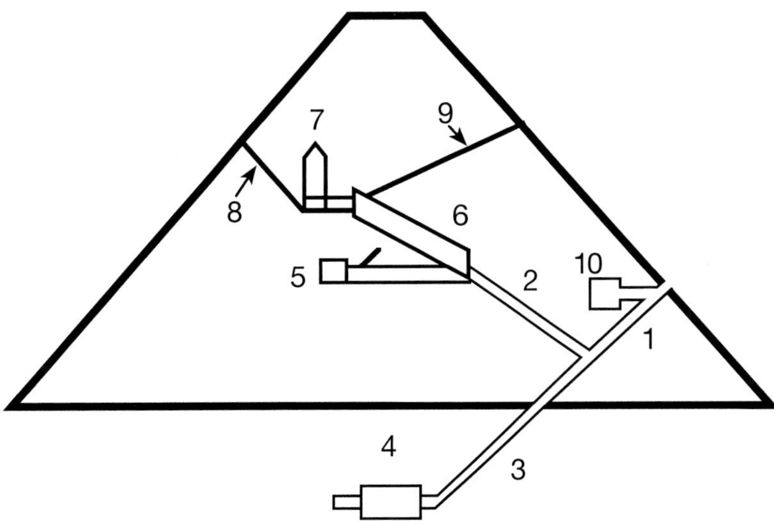

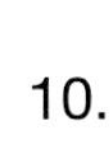

Name: ________________________ Datum: ____________

König und Königin im Alten Ägypten

Aufgaben:

1. Lies den Text.
2. Unterstreiche Informationen zu den männlichen Pharaonen braun. Unterstreiche Informationen zu den mächtigen Frauen orange.
3. Male die Figuren passend zum Text an. Male zuerst die Figur in einer Hautfarbe aus. Gestalte nun die Kleidungsstücke in prächtigen Farben.

Der König im Alten Ägypten wurde *Pharao* genannt. Er war sehr mächtig und wurde vom Volk als Gott verehrt. Als Zeichen seiner Macht trug er die *Doppelkrone* für die beiden Teile seines Landes. Der innere weiße Teil der Krone stand für Oberägypten, der äußere rote Teil der Krone stand für Unterägypten. In Kriegszeiten trug der Pharao die blaue Krone, den Kriegshelm.
Es gab auch mächtige Frauen im Alten Ägypten, die Königinnen oder sogar Pharaoninnen waren: Meritneith, Nofrusobek, Hatschepsut, Nofretete, Tausret, Kleopatra. Auch sie trugen *besondere Kleidung* und teilweise eine *Kopfbedeckung.*

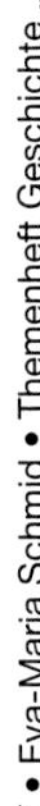

Name: ______________________ Datum: ____________

Der Pharao

Aufgaben:

1. Lies den Text.
2. Markiere wichtige Informationen farbig.
3. Warum trug König Menes eine Doppelkrone?

____

____

4. Male die Kronen unten in den richtigen Farben aus. Sie sind im Text genau beschrieben.
5. Suche im Internet oder in Büchern nach wichtigen Frauen im Alten Ägypten. Wähle eine aus und sammle Informationen über sie. Fülle einen Steckbrief aus.

Die Könige im Alten Ägypten wurden Pharaonen genannt. Der Pharao wurde als Gott angesehen und zwar als Sohn des Sonnengotts Re. Er war ein mächtiger Herrscher und wurde vom Volk verehrt – auch nach seinem Tod. Nach altem ägyptischen Recht gehörte ihm alles im ganzen Land, auch die Menschen. Der Pharao stand an der Spitze der Regierung, der Gerichte und der Armee. Er sorgte für Recht und Ordnung und für den Wohlstand im Land.

Die Frau des Pharao spielte ebenfalls eine wichtige Rolle. Sie wurde „Königliche Gemahlin" genannt und galt auch als göttlich. Ihr Sohn wurde der Thronfolger. Die Königsfamilie lebte in einem riesigen Palast. Es gab auch einzelne Königinnen und Pharaoninnen, die sehr mächtig waren, wie zum Beispiel Nofretete oder Kleopatra.

Der erste Pharao im Alten Ägypten war *König Menes.* Er herrschte zuerst über das südliche Königreich. Etwa im Jahre 3000 vor Christus besiegte er seine Feinde aus dem Norden. Oberägypten und Unterägypten wurden durch diesen Sieg zu einem Königreich vereint – dem Land der Pharaonen.
Als Zeichen seiner Macht über beide Landesteile trug der Pharao die *Doppelkrone,* die aus der weißen Krone Oberägyptens und der roten Krone Unterägyptens zusammengesetzt wurde. In Kriegszeiten trug der Herrscher die blaue Krone, den Kriegshelm.

weiße Krone
(Oberägypten)

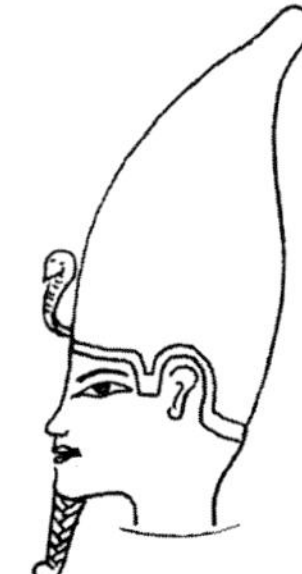
rote Krone
(Unterägypten)

Doppelkrone
(Oberägypten und Unterägypten)

blaue Krone
(Kriegshelm)

Name: ______________________ Datum: ____________

Das Grab des Tutanchamun (1)

Aufgaben:

1. Lies den Text.
2. Warum war der Fund von Howard Carter so besonders? Schreibe auf ein Blatt.
3. Howard Carter war ein **Archäologe.** Informiere dich, was dieses Wort bedeutet. Du kannst es im Internet oder in einem Buch nachlesen. Schreibe eine kurze Erklärung unten auf die Linien.
   Tipp: *www.helles-koepfchen.de, www.fragfinn.de, www.wasistwas.de*

1922 wurde einer der bedeutendsten Funde aus der Zeit der Alten Ägypter gemacht. Der britische Archäologe *Howard Carter* entdeckte das Grab des Pharao *Tutanchamun.* Dieser hatte mit acht Jahren den ägyptischen Thron bestiegen. Er regierte aber nur zehn Jahre, weil er sehr jung starb.

Viele Pharaonengräber hatte man schon gefunden, aber alle waren im Laufe der Jahrtausende von Grabräubern geplündert worden.

Das Grab des Tutanchamun war unversehrt. Die Grabkammern waren bis unter die Decken mit etwa 3 000 Grabbeigaben gefüllt. Dies waren Gefäße, Schmuck und Gold von unschätzbarem Wert.

In einer der inneren Kammern des Grabes fand Howard Carter den *Sarkophag* des Pharaos. Ein Sarkophag ist ein meist prunkvoller Steinsarg, der als eine Art Außenhülle dient. Er enthielt drei ineinandergesetzte goldene Särge. Im inneren Sarg lag der mumifizierte Körper des Pharaos. Schultern und Gesicht der Mumie waren mit einer Maske aus poliertem Gold und Edelsteinen bedeckt.

Ein Archäologe ist:

____

____

____

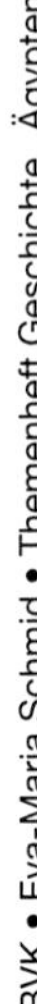

BVK • Eva-Maria Schmid • Themenheft Geschichte „Ägypten“

Name: ______________________ Datum: __________

Das Grab des Tutanchamun (2)

Aufgabe:

Schaue dir ein Bild der Totenmaske Tutanchamuns an und male das Bild in den richtigen Farben aus. Für die Farbe Gold kannst du einen gelben Stift nehmen.

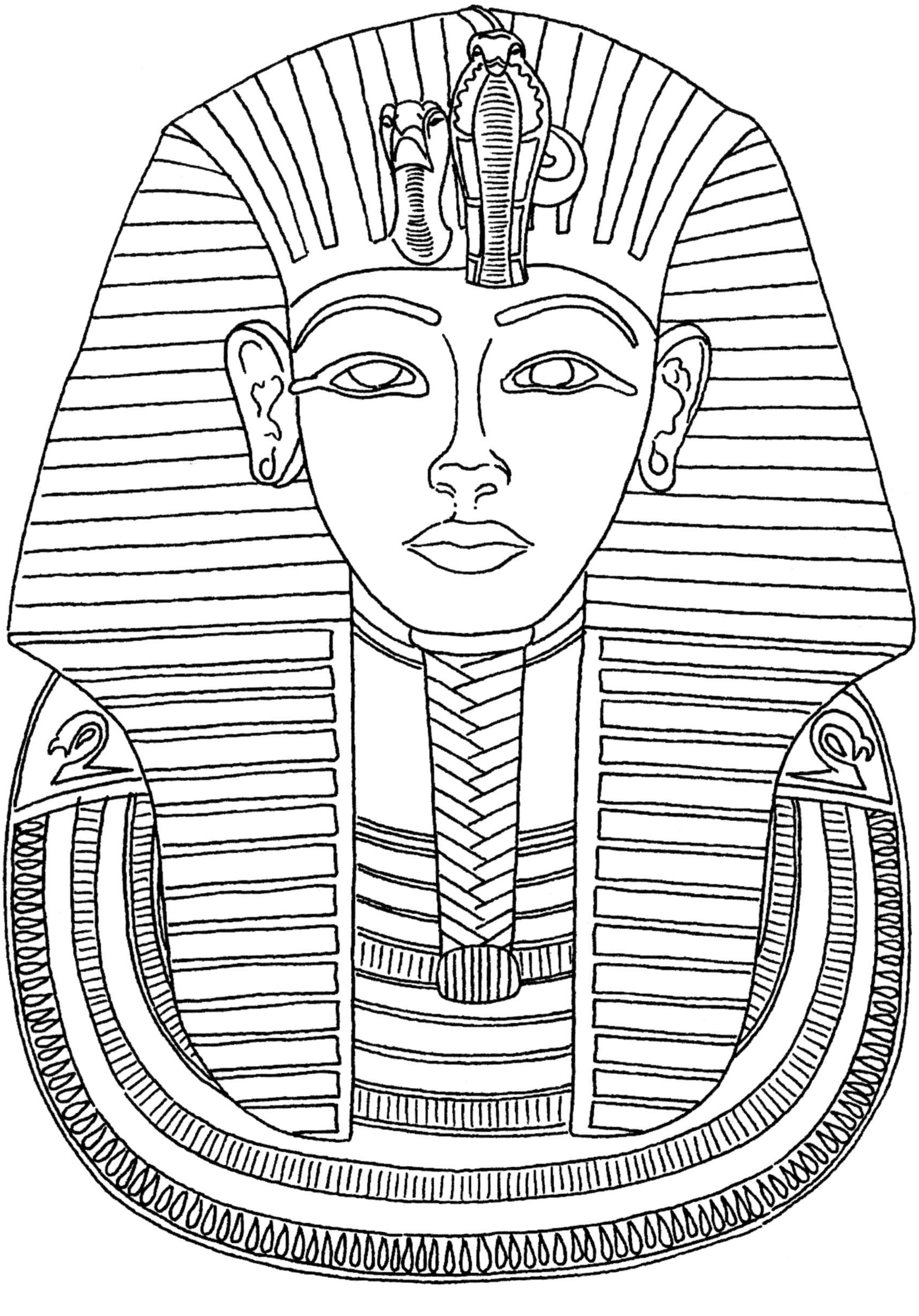

Name: ____________________ Datum: __________

Tutanchamun

Aufgabe:

Recherchiere im Internet bei der Tutanchamun-Ausstellung.
www.tut-ausstellung.com

1. Schaue dir die Fotos an. Du kannst viele Schätze sehen, die in der Pyramide gefunden wurden. Sie wurden nachgebildet.
   a) Aus welchem Material bestehen sie ursprünglich?

   ____

   b) Was stellen die Figuren dar?

   ____

   ____

   c) Welcher Gegenstand gefällt dir besonders und warum?

   ____

   ____

   ____

2. Erkunde die virtuelle Ausstellung.
   Lies die Informationen.
   Schreibe zu jedem Raum einen Satz auf ein Blatt.
3. Schaue dir die Videos in der virtuellen Ausstellung an. Suche dir eins der Videos aus und schreibe mindestens drei interessante Informationen auf.
4. Bewerte den Internetauftritt der Ausstellung.

   Erhältst du viele verständliche Informationen? ____________________

   Hast du Lust bekommen, die Ausstellung selbst zu besuchen? ____________________

BVK • Eva-Maria Schmid • Themenheft Geschichte „Ägypten“

Name: ______________________ Datum: ____________

Die Mumifizierung

Aufgaben:

1. Lies die vier Textkästen.
2. Schneide die Kästen aus. Bringe sie in die richtige Reihenfolge und klebe sie auf ein Blatt.
3. Warum mumifizierten die Ägypter früher ihre Toten? Unterstreiche die Stelle im Text farbig.

Zum Schluss wurde der mumifizierte Körper in einen oder mehrere ineinanderliegende Sarkophage gelegt und darin verschlossen.

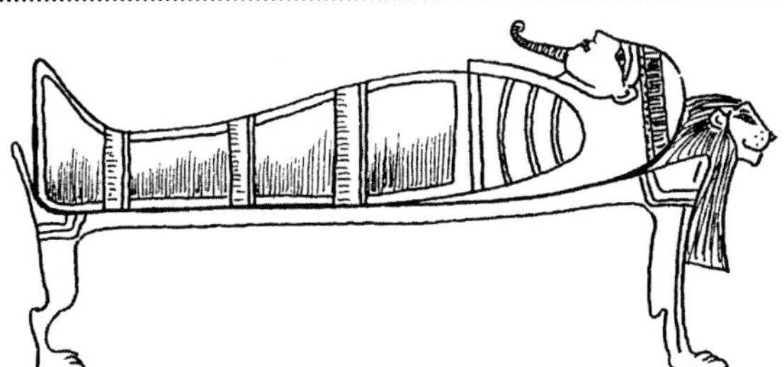

Nach dem Tod entfernten Priester die inneren Organe des Leichnams und legten sie in Krüge, die sogenannten *Kanopen.* Diese wurden später neben den mumifizierten Körper gestellt. Nur das Herz wurde nicht entnommen. Es blieb im Körper des Toten, damit der Gott Anubis es wiegen konnte. Anschließend wurde die Leiche 40 Tage in Natronsalz gelegt, um sie zu trocknen.

Die Ägypter glaubten an das Weiterleben nach dem Tode. Nach ihrem Glauben konnten die Seelen aber nur leben, solange der Körper erhalten bleibt. Darum „balsamierten" sie ihre Toten ein und trockneten sie. So wurden sie langsam zu *Mumien.* Arme Menschen gruben ihre Toten im Wüstensand ein, reichere Leute und der Pharao ließen sich schon zu Lebzeiten ihr Grabmal errichten.

Schließlich wurde der Leichnam mit Öl eingerieben und in Leinenstreifen eingewickelt. Zwischen die Leinenstreifen schob man Amulette und Schmuck aus Gold und Edelsteinen, um böse Geister abzuwehren. Außerdem wurde Nahrung in die Grabstätten gelegt und auch nützliche Dinge, um die Toten für das neue Leben auszustatten.

BVK • Eva-Maria Schmid • Themenheft Geschichte „Ägypten"

Name: ______________________ Datum: __________

Ein Mumiensarg (1)

Aufgaben:

1. Lies die Anleitung sorgfältig.
2. Schneide zunächst die vier Teile (Sargdeckel, Sargboden, Fußteil und Deckelverzierung) von Arbeitsblatt (2) und (3) sauber aus.
3. Knicke das Papier an den gestrichelten Linien einmal um. Gleite dazu mit Hilfe eines Lineals mit der Scherenspitze vorsichtig an den gestrichelten Linien entlang. So lässt sich das Papier genauer knicken.

schneiden
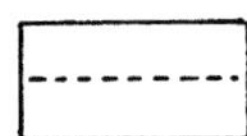

knicken
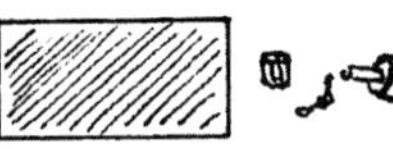
kleben

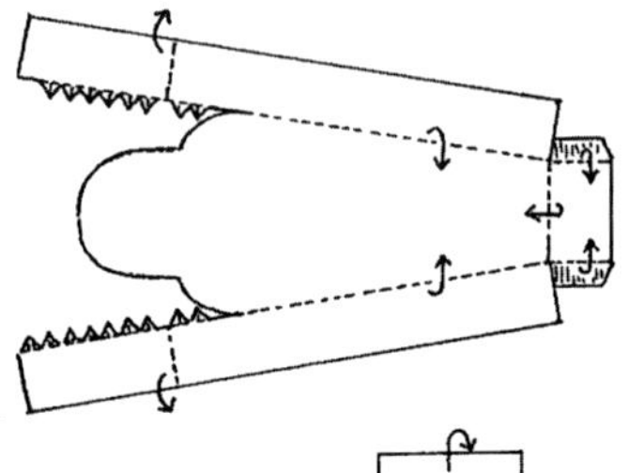

Sargdeckel und Sargboden

1. Falte die äußeren Streifen nach innen und klebe die Klebezacken an.
2. Klebe nun auch das Fußende des Deckels zusammen.

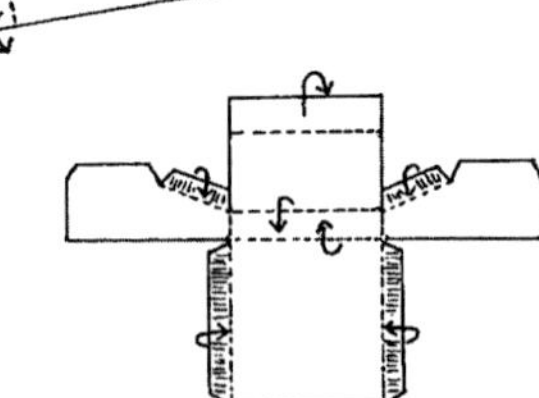

Das Fußteil des Sarges

1. Klebe die vier Laschen an die Innenseite des Fußteils.
2. Klebe dann das Fußteil an den Sargdeckel.

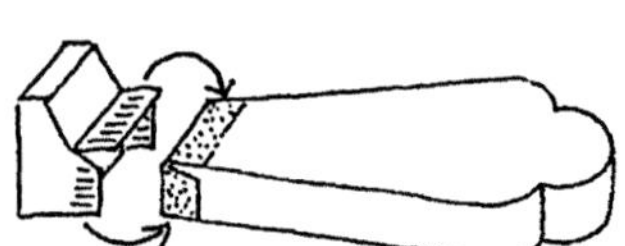

Der verzierte Deckel

1. Male die Deckelverzierung zunächst bunt aus.
2. Klebe sie dann auf den Sargdeckel. Achte darauf, dass die Knicklinie unten auf das Fußteil passt.

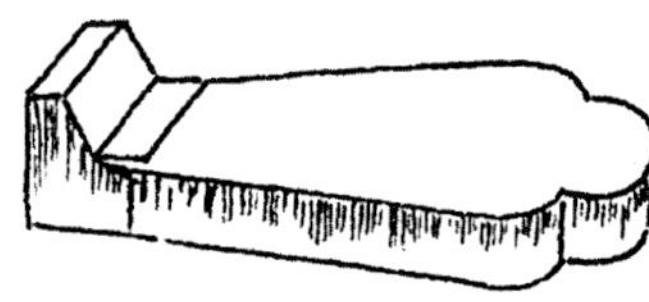

Die mumifizierte Person

1. Forme nun eine kleine Figur aus Knete.
2. Umwickle sie mit Stoffstreifen und lege sie in den Sarg.

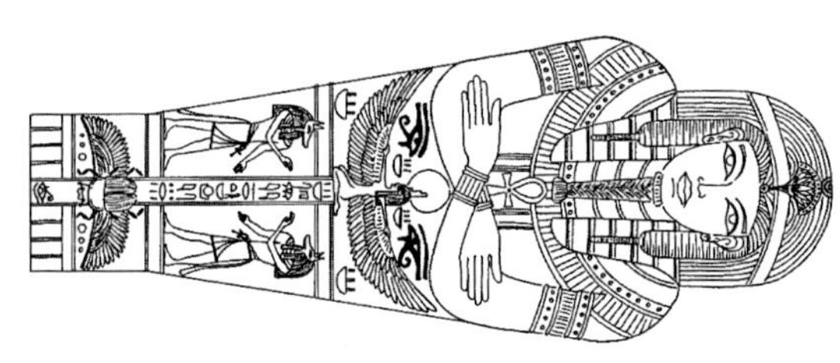
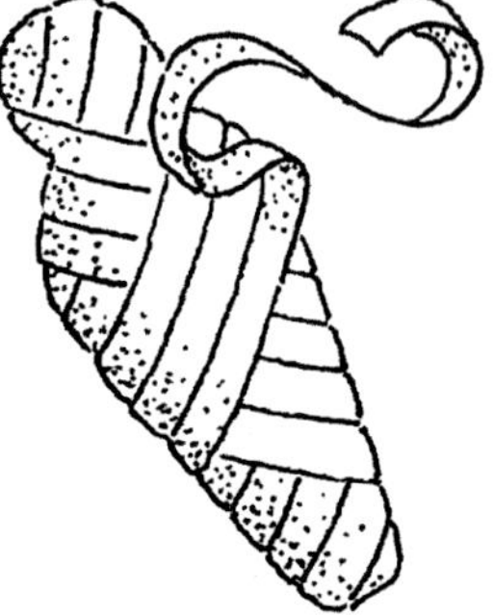

Pyramiden

Nachbildung der Totenmaske des Tutanchamun

Büste von Nofretete

Hieroglyphen

Name: ______________________________ Datum: ______________

Ein Mumiensarg (2)

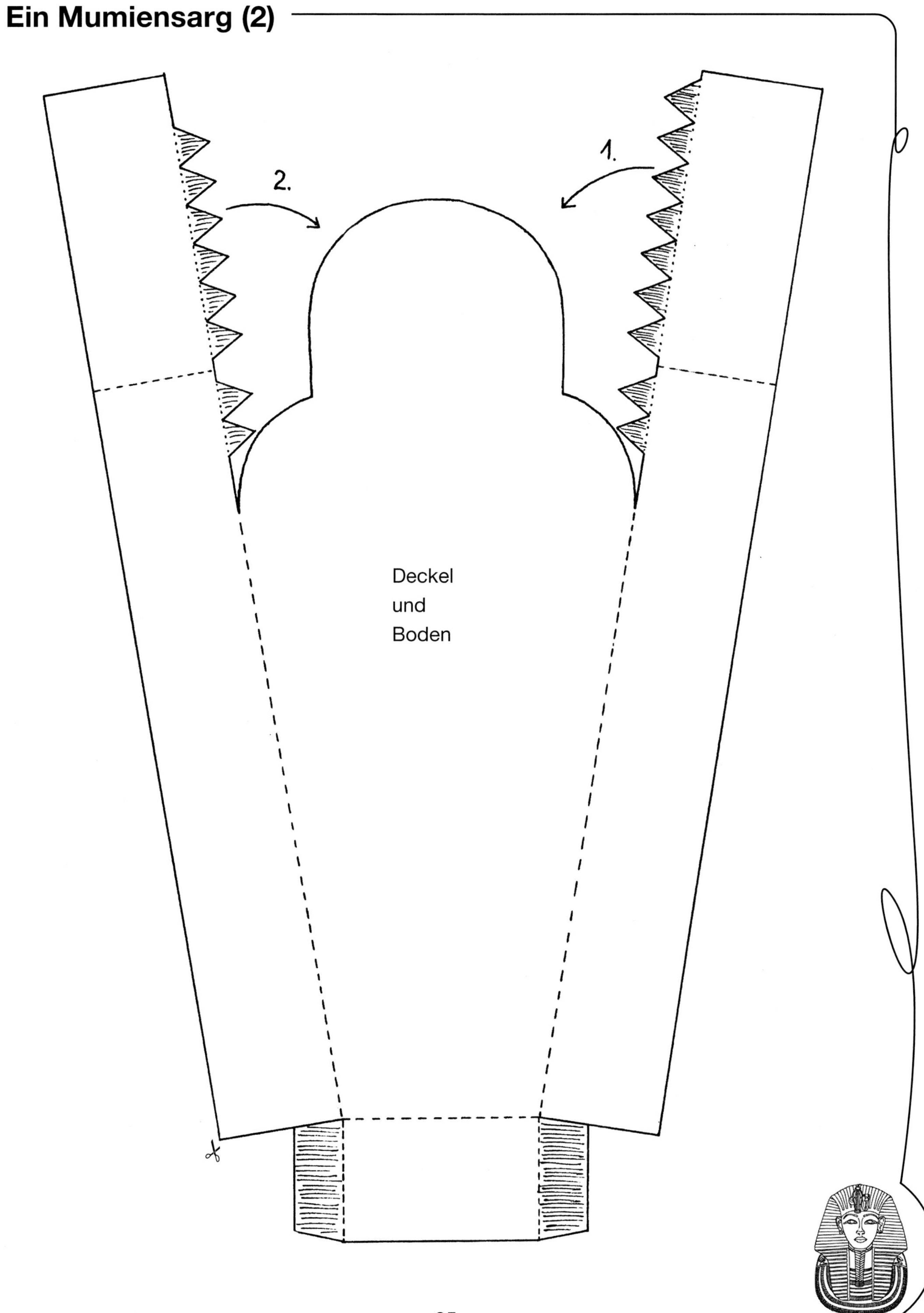

Name: ______________________ Datum: ______________

Ein Mumiensarg (3)

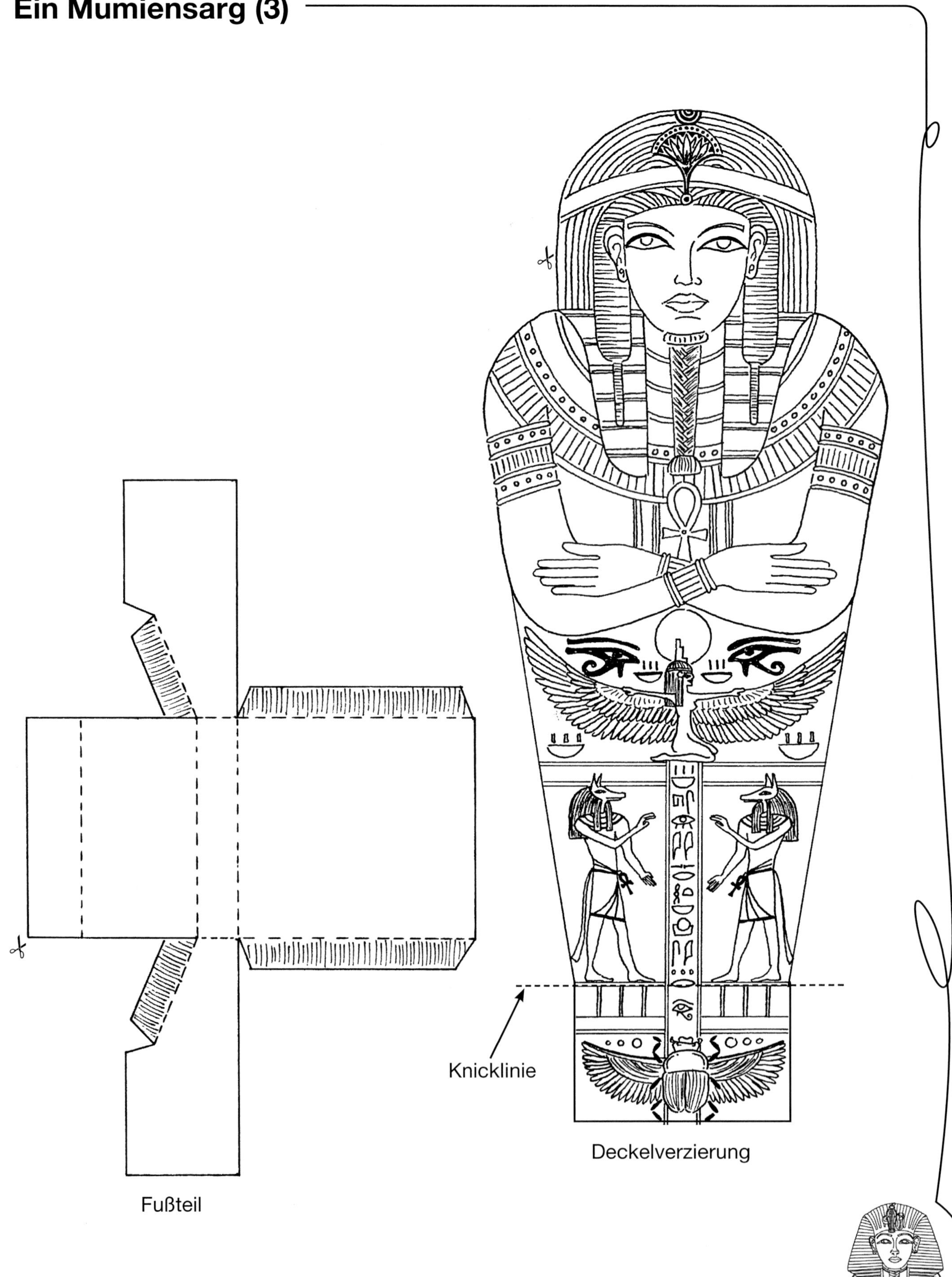

Name: ______________________________ Datum: ______________

Die Hieroglyphen (1)

Aufgaben:

1. Lies den Text auf Arbeitsblatt (2) und schaue dir die Hieroglyphen unten an.
2. Welcher Name auf Arbeitsblatt (2) gehörte einer ägyptischen Königin? Trage Informationen über diese Pharaonin zusammen. Schreibe alles auf ein Blatt. Schreibe auch dazu, woher deine Informationen stammen. Gib hierzu die Internetseite oder den Buchtitel an. **Tipp:** *www.helles-koepfchen.de*

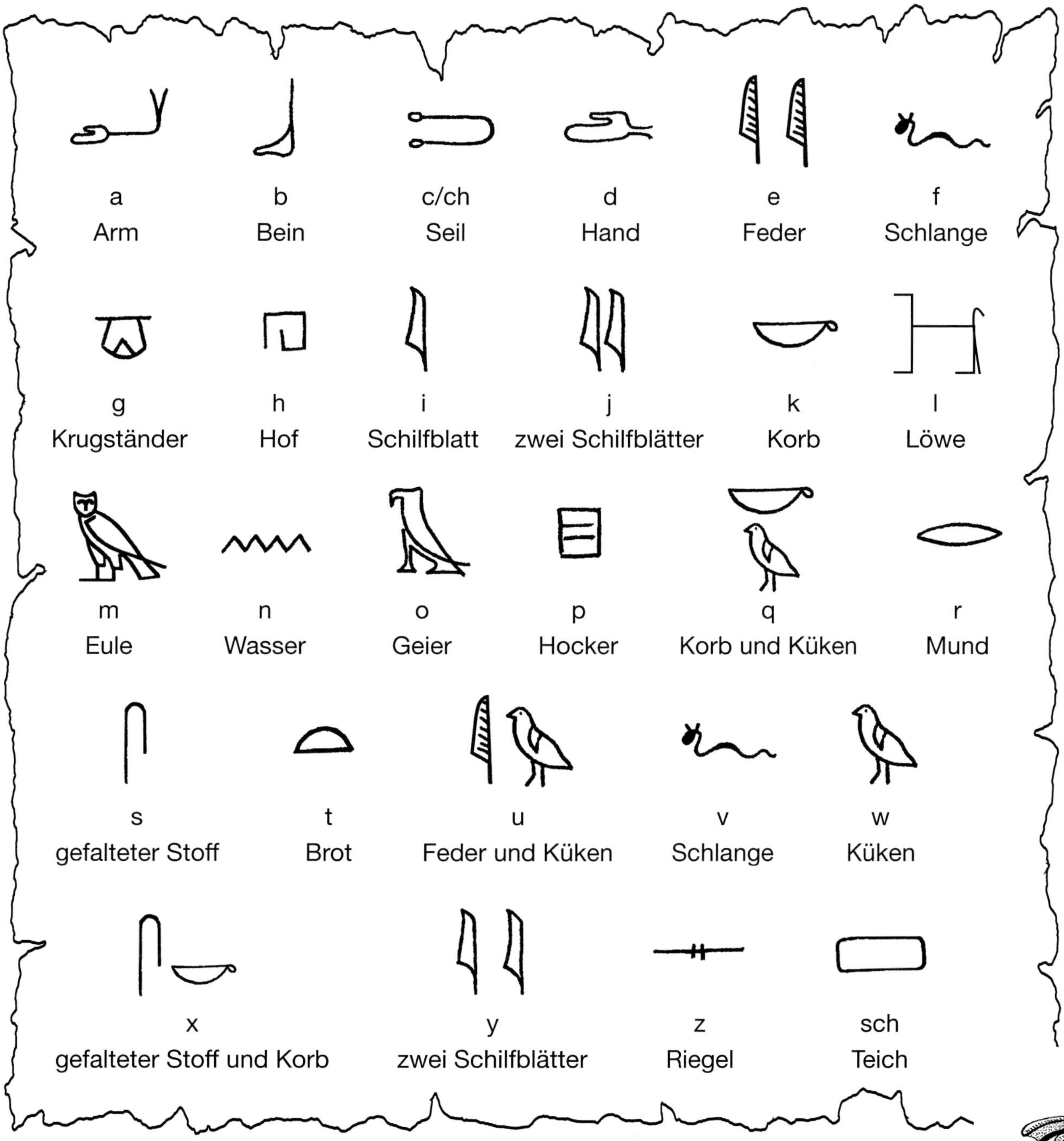

a	b	c/ch	d	e	f
Arm	Bein	Seil	Hand	Feder	Schlange

g	h	i	j	k	l
Krugständer	Hof	Schilfblatt	zwei Schilfblätter	Korb	Löwe

m	n	o	p	q	r
Eule	Wasser	Geier	Hocker	Korb und Küken	Mund

s	t	u	v	w
gefalteter Stoff	Brot	Feder und Küken	Schlange	Küken

x	y	z	sch
gefalteter Stoff und Korb	zwei Schilfblätter	Riegel	Teich

Name: ______________________ Datum: ______________

Die Hieroglyphen (2)

3. Unten findest du einige Kartuschen. Kannst du die Namen in den Kartuschen lesen? Schreibe sie dazu.
4. Schreibe deinen Namen in Hieroglyphen in die leere Kartusche.

Die Schrift der Ägypter bestand früher aus Bildzeichen. Man bezeichnet sie als **Hieroglyphen.** Manche Zeichen standen für einzelne Laute, vergleichbar mit unseren Buchstaben. Manche Zeichen standen auch für ein Wort. Die Namen ihrer Pharaonen schrieben die Ägypter in bestimmte Formen, sogenannte *Kartuschen.*

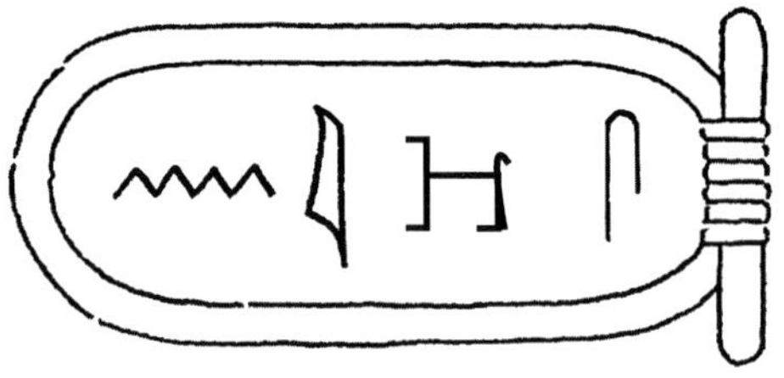

____

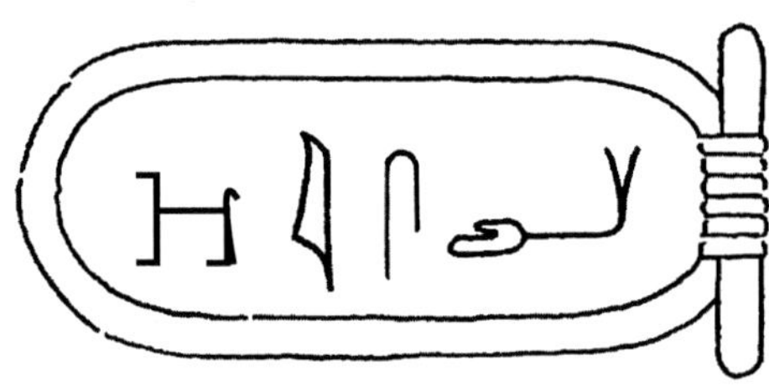

____

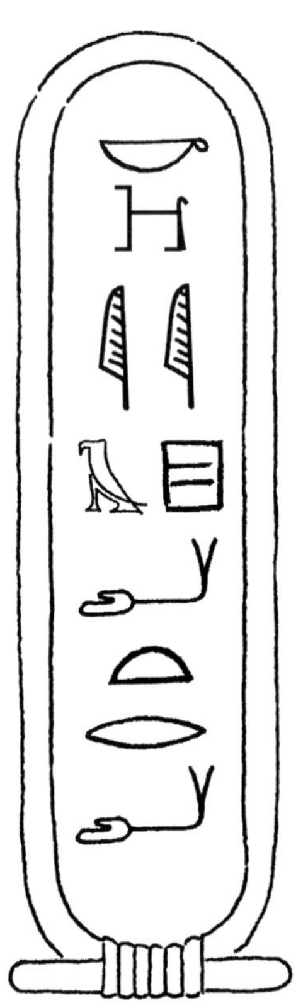

____

Du kannst im Internet einen Hieroglyphen-Übersetzer ausprobieren. Manche Hieroglyphen können aber anders sein. Während der rund 3000 Jahre, die es das Alte Ägypten gab, kam es immer wieder zu Veränderungen. Außerdem gab es regionale Unterschiede, ähnlich den Dialekten in unserer Sprache.

Zum Beispiel: *www.aegypten-spezialist.de/hieroglyphen/hieroglyphen-translator.php*

Name: ______________________ Datum: __________

Ein Brief auf Papyrus (1)

Aufgaben:

1. Lies den Text. Hier erfährst du etwas über die Papyruspflanze und ihre Verwendung.
2. Diesen Brief hat ein ägyptischer Junge geschrieben. Einige Wörter sind in Hieroglyphen geschrieben. Kannst du sie entziffern? Schreibe den Brief richtig auf ein Blatt ab und „übersetze“ die Hieroglyphen.

Aus den Halmen der Papyrusstaude wurden im Alten Ägypten viele verschiedene Gegenstände des alltäglichen Lebens hergestellt: Seile, Sandalen, Körbe und sogar Boote. *Papyrus* nennt man neben der Pflanze aber auch ein Material, auf dem geschrieben werden konnte. Es ähnelte unserem Papier.
Die Schriftstücke wurden mit *Hieroglyphen* beschriftet. Diese Bildzeichen standen für Laute oder auch für ganze Wörter.

Hallo, ich heiße [Hieroglyphen]

ich bin zehn Jahre alt und lebe in Ägypten, in der Nähe des Flusses [Hieroglyphen].

Da es gestern sehr [Hieroglyphen] war, habe ich auf dem [Hieroglyphen]

geschlafen. Mein [Hieroglyphen] war so trocken, dass ich die ganze

[Hieroglyphen] fast nur [Hieroglyphen] getrunken habe.

Als ich endlich eingeschlafen bin, hatte ich einen schönen [Hieroglyphen].

Unser [Hieroglyphen] war riesengroß. Wir hatten viele Räume. Außerdem hatten

wir [Hieroglyphen], einen großen [Hieroglyphen] und vieles mehr.

Wir waren also eine [Hieroglyphen] Familie. Ein schönes Gefühl!

Plötzlich wachte ich auf. Leider war alles nur ein [Hieroglyphen].

In Wirklichkeit sind wir [Hieroglyphen].

Du kannst im Internet einen Hieroglyphen-Übersetzer ausprobieren. Manche Hieroglyphen können aber anders sein. Während der rund 3000 Jahre, die es das Alte Ägypten gab, kam es immer wieder zu Veränderungen. Außerdem gab es regionale Unterschiede, ähnlich den Dialekten in unserer Sprache.
Zum Beispiel: *www.aegypten-spezialist.de/hieroglyphen/hieroglyphen-translator.php*

Name: ______________________ Datum: ____________

Ein Brief auf Papyrus (2)

3. Schneide die Bild- und Textkästen aus. Ordne sie richtig einander zu und klebe sie in der richtigen Reihenfolge auf ein DIN-A4-Blatt.

Die Scheibchen werden nun in zwei Schichten übereinander gelegt – die eine Schicht längs, die andere quer. Dann wird alles gründlich nassgemacht. Nun wird das Ganze zu einer Papyrusseite flachgeklopft und schließlich mit einem Stein poliert.	
In den Sümpfen des Nils schneiden und bündeln die Arbeiter die Papyrusstängel.	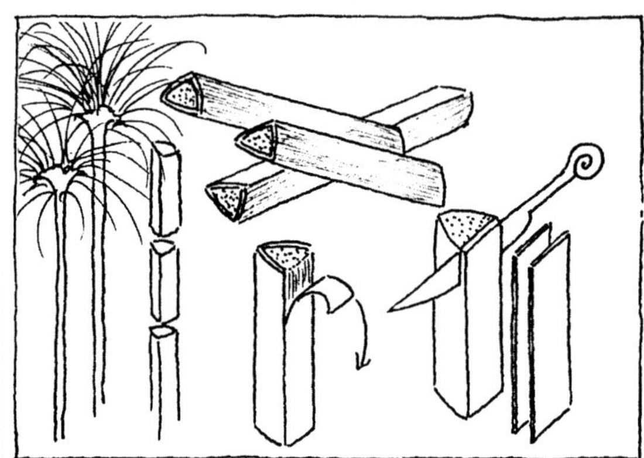
Die Stängel werden in Stücke geschnitten, geschält und der Länge nach mit einem Bronzemesser in dünne Scheiben geschnitten.	

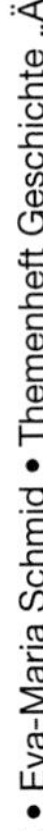
BVK • Eva-Maria Schmid • Themenheft Geschichte „Ägypten“

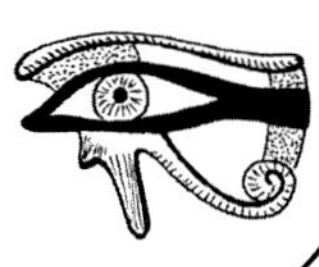

Name: ______________________________ Datum: ______________

Götter und Göttinnen

Aufgaben:

1. Lies den Text. Hier erfährst du, dass die Ägypter früher viele Götter und Göttinnen verehrten.
2. In Büchern und im Internet findest du viele Informationen über die Götter im Alten Ägypten. Suche dir eine Gottheit aus, male die Darstellung in den Kasten unten und beschreibe diese Gottheit auf einem Blatt.
3. Erstelle ein Plakat dazu oder fülle einen Steckbrief aus. Du kannst den Steckbrief auch am Computer gestalten.

Die Alten Ägypter verehrten Hunderte verschiedener Götter und Göttinnen. In ihren Häusern stellten sie Statuen der Hauptgötter auf, die ihrer Familie Glück bringen sollten.

Isis

Für jeden wichtigen Gott wurden auch Tempel erreichtet. Gewöhnliche Menschen durften die Tempel aber nicht betreten. Sie mussten ihre Gebete und Bitten einem Priester mitteilen, der diese Botschaften an die Götter weiterleitete.

Die meisten Götter wurden in Tiergestalten dargestellt, häufig waren es auch menschliche Figuren mit Tierköpfen.
Der wichtigste Gott war der *Sonnengott Re,* der von allen Ägyptern angebetet wurde. Er hatte die Aufgabe, den Pharao zu schützen.

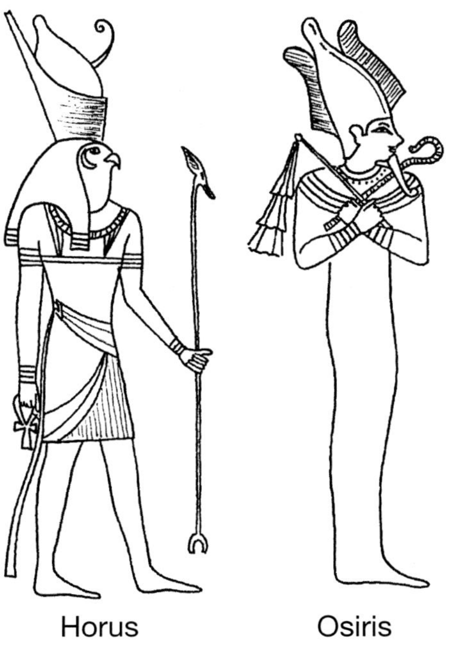
Horus Osiris

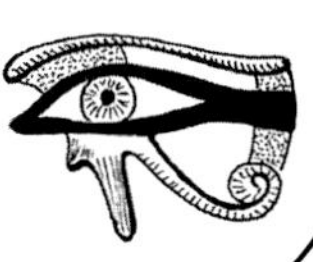

Name: ______________________ Datum: ____________

Tempel

Aufgaben:

1. Lies den Text.
2. Nenne zwei Unterschiede von einem Tempel zu einer Kirche, einer Moschee oder einer Synagoge. Schreibe auf ein Blatt.
3. Informiere dich im Internet über Tempel im Alten Ägypten. Bei Abu Simbel ist noch heute die riesige Tempelanlage eines mächtigen Pharaos zu besichtigen. Finde heraus, welcher Pharao diesen Tempel erbaute. Informiere dich über diesen Tempel. Schreibe alle Informationen auf einen Steckbrief.

Die Menschen im Alten Ägypten erbauten prächtige Tempel, um ihre Götter zu verehren. Besonders die Pharaonen unterstützen den Bau der Tempel mit ihren Reichtümern, um die Götter freundlich zu stimmen.
Die Tempelanlagen waren aber trotzdem nicht vergleichbar mit unseren heutigen Kirchen, Moscheen oder Synagogen, in denen die Gläubigen beten. Die Ägypter bauten die Tempel als Wohnungen der Götter. Deshalb durften die meisten Ägypter die Tempelanlagen nicht betreten. Das durften nur die Priester und Priesterinnen. Die Menschen teilten dem Priester ihre Gebete und Bitten mit, der sie dann an die Götter weiterleiten sollte.

Die Tempel waren zu Ehren des jeweiligen Gottes prächtig ausgestattet. Die Hallen waren riesig, sehr hoch und die Dächer wurden getragen von gigantischen Säulen. Die Wände waren kunstvoll bemalt. Im Tempelinneren standen große Statuen.

Tempel von Abu Simbel

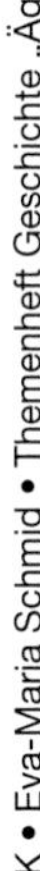
BVK • Eva-Maria Schmid • Themenheft Geschichte „Ägypten“

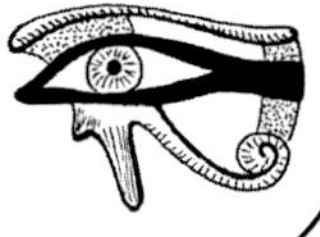

Name: ______________________ Datum: __________

Handwerksberufe

Aufgaben:

1. Schaue dir die Bilder an.
2. Ordne folgende Berufe den Bildern zu:
   Töpfer – Schreiber – Gerber – Schiffbauer – Bildhauer – Schreiner
3. Informiere dich über einen dieser Berufe genauer. Erkunde, mit welchen Materialien die Handwerker im Alten Ägypten arbeiteten, was sie herstellten und wozu ihre Produkte benötigt wurden. Fülle den Steckbrief aus.

Bereits zur Zeit der Alten Ägypter gab es viele Berufe, die wir teilweise auch heute noch kennen.

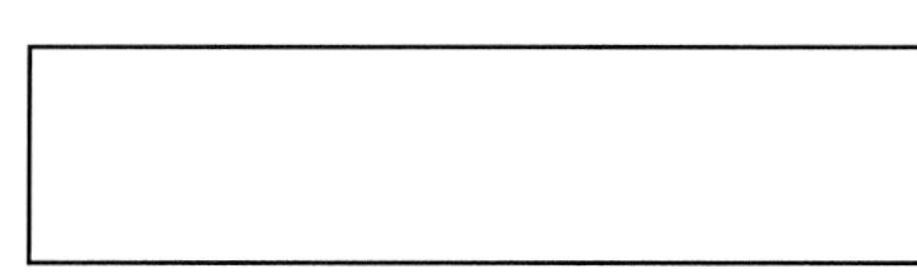

BVK • Eva-Maria Schmid • Themenheft Geschichte „Ägypten“

Name: ______________________ Datum: ____________

Steckbrief Handwerksberufe

Beruf ______________________

Genaue Tätigkeit:

____

____

____

____

____

____

Mit diesem Material haben sie gearbeitet:

____

____

____

____

____

____

Dafür wurden die hergestellten Produkte benötigt:

____

____

____

____

____

Name: ______________________ Datum: ____________

Die Arbeit auf dem Lande

Aufgaben:

1. Lies den Text.
2. Beantworte die Fragen zum Text. Schreibe deine Antworten auf ein Blatt.

Das Alte Ägypten war ein reiches Land, weil die fruchtbaren Böden entlang des Nilufers gute Ernten hervorbrachten. Die Hälfte der Ernte mussten die Bauern an die Beamten des Pharaos als Steuern bezahlen. So schufen die Bauern den eigentlichen Wohlstand des Landes, obwohl sie selbst häufig in Armut lebten.
Das Land eines jeden Bauern war mit Grenzsteinen markiert, die auch während der Nilüberschwemmung nicht weggespült werden konnten. Die Landarbeit begann, wenn die Nilflut zurückging. Die Bewässerungskanäle mussten oft repariert werden. Die Felder wurden mit Holzpflügen, die von Rindern gezogen wurden, gepflügt und bestellt.

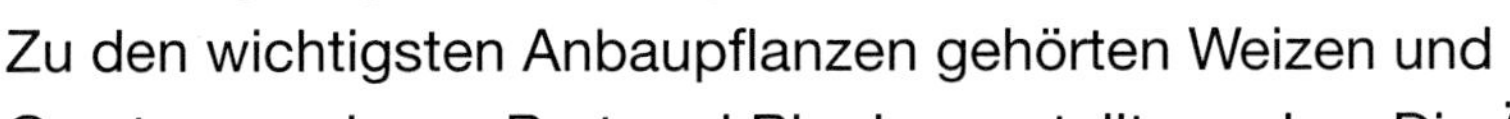

Zu den wichtigsten Anbaupflanzen gehörten Weizen und Gerste, aus denen Brot und Bier hergestellt wurden. Die Ägypter pflanzten aber auch Obst und Gemüse an und hielten Nutztiere wie Rinder, Schafe, Ziegen und Geflügel.

Fragen zum Text:

1. Warum war das Alte Ägypten ein reiches Land?
2. Was mussten die Bauern als Steuern bezahlen?
3. Womit waren die Grundstücke der Bauern markiert?
4. Wann begann die Landarbeit?
5. Welche Arbeiten mussten erledigt werden?
6. Was bauten die Bauern im Alten Ägypten hauptsächlich an?
7. Welche Tiere hielten sie als Nutztiere?

BVK • Eva-Maria Schmid • Themenheft Geschichte „Ägypten“

Name: ______________________________ Datum: ______________

Das Land am Nil

Aufgaben:

1. Lies den Text aufmerksam.
2. Löse das Rätsel.

Der Nil ist mit seinen 6667 km der längste Fluss der Erde.

Für die Ägypter war und ist der Nil lebensnotwendig, denn in Ägypten regnet es fast nie. Der Fluss lieferte Trinkwasser und Fische, er war Transport- und Reiseweg. Er gab den Menschen feuchte Felder, auf denen sie Getreide, Gemüse und Früchte anbauen und ihr Vieh weiden konnten.

So war das Jahr der ägyptischen Bauern vom Nil abhängig und in drei Jahreszeiten geteilt: Die Zeit der Überschwemmung dauerte von Juli bis Oktober. Der Nil trat über die Ufer, wenn in Zentralafrika im Sommer die Schneeschmelze einsetzte. Wenn das Wasser zurückging, blieb eine dicke Schicht fruchtbaren, schwarzen Schlamms zurück. Danach begann die Arbeit der Bauern. Von November bis Februar wurden die Felder bestellt. In der Trockenzeit schließlich von März bis Juni brachten die Bauern die Ernte ein. Jahrtausende hat der Nil so die Menschen in Ägypten ernährt.

Für die vielen Millionen Menschen, die heute in Ägypten leben, reichte das Überschwemmungsland jedoch nicht mehr aus. Die Ägypter bauten einen riesigen Staudamm, den Assuan-Staudamm. Hier wird seit 1971 das Nilwasser zu einem gewaltigen Stausee gestaut, dem Nassersee. So kann die gesamte Wassermenge in der Überschwemmungszeit aufgefangen und in der Trockenzeit zur Bewässerung genutzt werden.

1. Wie heißt der längste Fluss der Erde?									
2. Was wurde auf den Feldern angebaut? Getreide, Gemüse und …									
3. In welchen Monaten waren die Felder entlang des Nils früher überschwemmt? Juli bis …									
4. Was blieb nach der Überschwemmung auf den Feldern zurück? …									
5. In welchen Monaten wurde die Ernte eingebracht? März bis …									
6. Woher bekommen die Ägypter heute das Wasser für die Felder?									

BVK • Eva-Maria Schmid • Themenheft Geschichte „Ägypten“

Name: ______________________ Datum: ______________

Nofretete

Aufgaben:

1. Lies den Text. Unterstreiche wichtige Informationen zu Nofretete.
2. Fülle einen Steckbrief zu Nofretete aus. Suche im Internet nach zusätzlichen Informationen und Bildern. **Tipp:** *www.kinderzeitmaschine.de* (Suche: Nofretete)
3. Schaue dir ein Bild von Nofretete an. Male das Bild unten aus. Achte besonders auf die Farben der Kopfbedeckung.

Im Alten Ägypten gab es auch mächtige Frauen, manche waren sogar Pharaonin. Leider ist nicht so viel bekannt über diese Frauen. Teilweise sind sich die Wissenschaftler nicht einig, welche Position die Frauen jeweils tatsächlich hatten. So war Nofretete die Frau des Pharao Echnaton. Als Königin hat sie ihn beraten und seine Entscheidungen beeinflusst. Sie hatte daher viel Macht über das Ägyptische Reich. Manche denken, dass Nofretete nach Echnatons Tod sogar selbst Pharaonin war, allerdings unter dem Namen Semenchkare. Man hat eine Büste von Nofretete gefunden, die sie mit einer besonderen Kopfbedeckung zeigt. Die Haube von Nofretete war schwarz mit roten und grünen Verzierungen und Linien aus Gold. Ob diese Büste die echte Nofretete abbildet, ist allerdings nicht gesichert.

Name: ______________________________ Datum: ______________

Die Kinder im Alten Ägypten

Aufgaben:

1. Lies den Text. Hier erfährst du einiges über das Leben der Kinder im Alten Ägypten.
2. Vergleiche mit deiner Kindheit. Schreibe dazu Stichwörter in die Tabelle.
3. Zwei Spiele sind im Text erklärt. Probiert die Spiele in der Turnhalle oder draußen aus.

Die Kinder im Alten Ägypten gingen nicht in eine Schule. Nur wenige Menschen konnten damals lesen und schreiben.
Die meisten Kinder lernten von ihren Eltern, was sie für ihr Leben können mussten.
Die Jungen halfen ihren Vätern in deren Berufen, die Mädchen lernten von ihren Müttern die Hausarbeit und die Kinderpflege.
Ihre Freizeit verbrachten die Kinder mit Haustieren und Spielzeug. Sie hielten sich Äffchen, Hunde, Katzen und Vögel. Häufig bastelten die Kinder ihr Spielzeug selbst, aber es gab auch schon richtige „Spielzeugmacher“. Es gab schon Puppen mit beweglichen Armen und Beinen, Puppenstuben, Hampelmänner, Modellboote und Holztiere. Draußen spielten die Kinder mit Bällen oder liefen um die Wette. Die Jungen liefen dabei auf ihren Knien, wobei sie die Füße mit den Händen festhalten mussten.
Die Mädchen kannten ein besonderes Spiel mit Bällen: Einige Kinder waren „Pferde“, andere die „Reiter“ auf dem Rücken der Pferde. Die Reiter warfen sich Bälle zu. Konnte einer den zugeworfenen Ball nicht fangen, wurde er Pferd und das bisherige Pferd wurde Reiter.

	Kinder im Alten Ägypten	**Kinder heute**
Schule		
Spielsachen		
Freizeitbeschäftigung		
Aufgaben und Pflichten		

Name: ______________________ Datum: ____________

Ägyptische Zahlen

Aufgaben:

1. Lies den Text. Hier erfährst du, wie die Menschen im Alten Ägypten Zahlen dargestellt haben.
2. Kannst du die Zahlen lesen? Schreibe unsere Schreibweise auf die Linien.
3. Ordne den Hieroglyphen die Zahlen richtig zu. Ziehe Verbindungslinien.

1. Wie für fast alle Menschen war auch für die Ägypter in alten Zeiten bereits das Zählen wichtig. Sie brauchten Zahlen zur Vermessung ihrer Felder, zur Berechnung von Steuern und zum Bau von Pyramiden, Tempeln und Häusern.
   Die Ägypter hatten aber keine Zeichen für die Zahlen 1 bis 9, so wie wir sie haben.
   Sie benutzten Hieroglyphen für die Zahlen 1, 10, 100 usw. Eine Hieroglyphe wurde dann so oft wie nötig wiederholt, um die gewünschte Anzahl darzustellen.

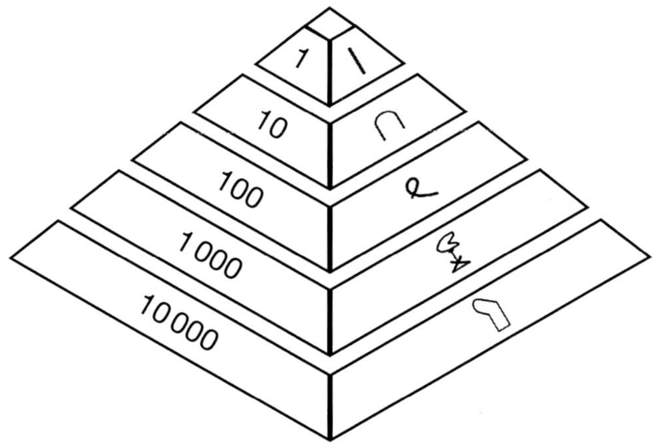

2. Die Zahl 5 wurde so geschrieben: | | | | |
   Die Zahl 231 wurde so geschrieben: 𓍢𓍢∩∩∩ |
   Kannst du diese Zahlen lesen?
   Schreibe auf die Linien.

= ______________

= ______________

= ______________

3. Verbinde.

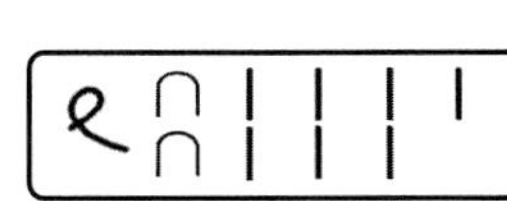

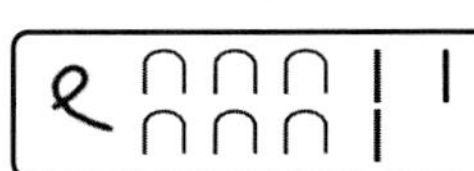

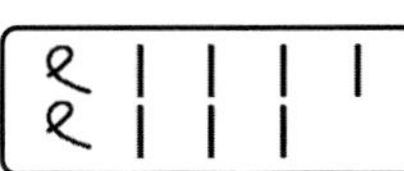

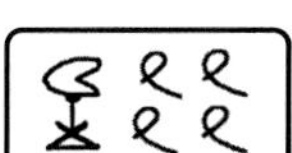

Name: ______________________ Datum: ____________

Staunen und Rechnen

Aufgaben:

1. Lies den Text aufmerksam.
2. Rechne nun die Sachaufgaben. Schreibe zu allen Aufgaben auch deine Rechnungen auf ein Blatt.

Die weltberühmten ägyptischen Pyramiden lassen uns staunen. Die drei großen Pyramiden von Gizeh, die Pyramide des Mykerinos, die Chephren-Pyramide und die Cheops-Pyramide, liegen in der Wüste in der Nähe der heutigen ägyptischen Hauptstadt Kairo.

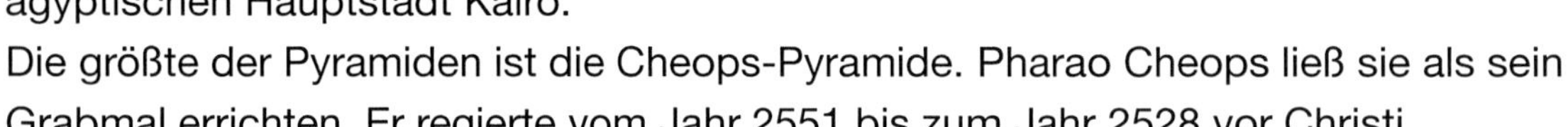

Die größte der Pyramiden ist die Cheops-Pyramide. Pharao Cheops ließ sie als sein Grabmal errichten. Er regierte vom Jahr 2551 bis zum Jahr 2528 vor Christi.
Die Pyramide war ursprünglich 146 Meter hoch. Vermutlich war die Spitze aus Gold und wurde gestohlen. Heute ist die Pyramide noch 137 Meter hoch.
Erbaut wurde die Pyramide aus mehr als 2 Millionen riesigen Steinblöcken. Jeder der Blöcke wog 2,5 Tonnen. Bis heute ist nicht eindeutig geklärt, wie vor allem die oberen Blöcke transportiert und aufgebaut wurden.
Über 100 000 Bauern bauten in den Monaten August bis Oktober mit an der Pyramide. In dieser Zeit konnten sie nicht auf ihren Feldern arbeiten, weil der Nil Hochwasser führte und das Land überschwemmte. Es bauten aber noch 40 000 Architekten, Steinmetze und andere Handwerker das ganze Jahr über an der Pyramide.

a) Wie viele Jahre dauerte die Regierungszeit Cheops?
b) Wie lange ist es her, dass Pharao Cheops regierte?
c) Wie viele Menschen arbeiteten an der Pyramide während des Nil-Hochwassers?
d) Wie hoch war die Spitze der Pyramide, die nicht mehr vorhanden ist?
e) Trage in die Tabelle ein:

Steinblöcke	Gewicht in Tonnen
1	2,5
2	
20	
200	
2 000	
20 000	
200 000	
2 000 000	

Wie schwer sind die Steinblöcke der Cheops-Pyramide etwa?

Schreibe die Zahl als Wort. ______________________

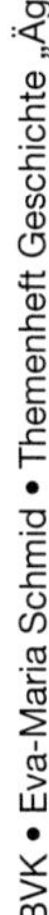

Name: ______________________ Datum: __________

Mein Ägypten-Lexikon (1)

Aufgaben:

1. Du bist inzwischen Ägypten-Experte. Hier kannst du dein Ägypten-Lexikon basteln. Schneide zunächst alle Seiten sauber entlang der Linien aus.
2. Lege sie nun in der richtigen Reihenfolge aufeinander und hefte sie an der linken Seite zusammen.
3. Schreibe nun zu den Begriffen kurze Erklärungen auf die Linien.
4. Wenn du dir unsicher bist, helfen dir folgende Stichwörter:

Land in Nordafrika • Pharao im Alten Ägypten • Schriftzeichen • Pflanze und Material, auf dem geschrieben wurde • Wissenschaftler, der frühere Lebensformen durch Ausgrabungen erforscht • Fluss durch Ägypten • Bezeichnung für den König im Alten Ägypten • mächtige Königin • Grabmal für den Pharao • Gottheiten, die im Alten Ägypten verehrt wurden • prunkvoll ausgestatteter Sarg • tote Körper, die bearbeitet wurden, um sie vor dem Verfall zu bewahren

Ägypten-Wörterbuch

von

____

Ägypten

____

____

____

Archäologe

____

____

____

Name: ______________________ Datum: ____________

Mein Ägypten-Lexikon (2)

Cheops

___

___

___

Götter

___

___

___

Hieroglyphen

___

___

___

mumifizierte Körper

___

___

___

Nil

___

___

___

Nofretete

___

___

___

Papyrus

___

___

___

Pharao

___

___

___

Pyramide

___

___

___

Sarkophag

___

___

___

___

___

___

___

___

___

Name: ______________________________ Datum: ______________

Was hast du behalten?

1. Warum wurden Pyramiden gebaut? ✎ ☒ Kreuze an.

   Es waren Tempel im Alten Ägypten.

   Es waren Gräber für Könige.

   Es waren Sehenswürdigkeiten für Reisende im Alten Ägypten.

2. Welche Bezeichnung trugen die Herrscher im Alten Ägypten?
   ✎ ☒ Kreuze an.

   Pharao

   Kaiser

   Statthalter

3. Woher weiß man, dass im Alten Ägypten die Toten mumifiziert wurden?
   ✎ ☒ Kreuze an.

   Jahrtausend alte Schriften deuten darauf hin.

   Die mumifizierten Körper sind teilweise bis heute erhalten.

   Uralte Erzählungen berichten davon.

4. Wie bezeichnet man die Schriftzeichen der Alten Ägypter?
   ✎ ☒ Kreuze an.

   Kartuschen

   Papyrus

   Hieroglyphen

5. ✎ Welcher Fluss fließt noch heute durch Ägypten?

   ____

6. ✎ In welchem Erdteil liegt Ägypten?

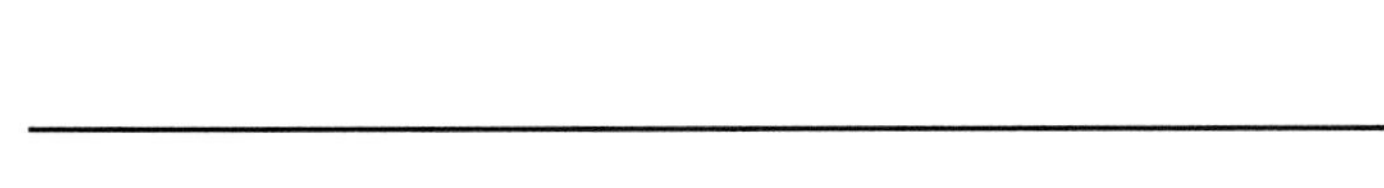

Lösungen

zu S. 27 / 28: „Die Hieroglyphen“
zu Nr. 2: Nils / Lisa / Kleopatra
zu Nr. 3.: Kleopatra war die letzte Pharaonin im Alten Ägypten. Sie starb im Jahr 30 v. Chr.

zu S. 29: „Ein Brief auf Papyrus“
Hallo, ich heiße **Tori,**
ich bin zehn Jahre alt und lebe in Ägypten, in der Nähe des Flusses **Nil.** Da es gestern sehr **heiß** war, habe ich auf dem **Dach** geschlafen. Mein **Mund** war so trocken, dass ich die ganze **Nacht** fast nur **Wasser** getrunken habe.
Als ich endlich eingeschlafen war, hatte ich einen schönen **Traum.** Mutter hatte ein **Brot** gebacken. Es duftete wunderbar. Unser **Haus** war riesengroß. Wir hatten viele Räume. Außerdem hatten wir **Kühe, Pferde,** einen großen **Garten** und vieles mehr. Wir waren also eine **reiche** Familie. Ein schönes Gefühl! Plötzlich wachte ich auf. Leider war alles nur ein **Traum.** In Wirklichkeit sind wir **arm.**

zu S. 32: „Tempel“
zu Nr. 2:
Die Tempelanlage wurde im 13. Jahrhundert vor Chr. unter König (Pharao) *Ramses II* erbaut. Bemerkenswert ist hierzu, dass sich die Anlage heute nicht mehr am ursprünglichen Standort befindet. Der Nil wird seit 1971 gestaut durch den Bau des Assuan-Staudamms. Das ansteigende Wasser hätte die Tempelanlage an alter Stelle durch den entstandenen Nasser-Stausee überflutet. Um den Tempel zu retten, wurde er abgetragen und höher gelegen bei Abu Simbel wieder aufgebaut.

zu S. 33: „Handwerksberufe“
zu Nr. 3:
Töpfer arbeiteten mit Ton. Sie stellten Behälter wie Krüge und Vasen her, die zur Aufbewahrung von Gegenständen des täglichen Lebens und zur Dekoration dienten.
Schreiner stellten Holzmöbel und -statuen her.
Weil am Nil nur wenige Bäume wuchsen, wurde früher schon viel Holz aus dem Libanon eingekauft.
Bildhauer schufen Statuen (Figuren) aus Stein. Meistens wurden Götter dargestellt. Die Bildhauer gestalteten auch die riesigen Tempelanlagen.
Schreiber schrieben auf Papyrus genau auf, was sich im Lande ereignete. Viele Schreiber waren Beamte des Königs.
Gerber verarbeiteten Tierhäute zu Leder. Daraus wurden Sandalen, Riemen und Gürtel gefertigt.
Schiffbauer bauten Schiffe und Boote aus Holz und Papyrus.

zu S. 35: „Die Arbeit auf dem Lande“
zu Nr. 2:
1. Das Alte Ägypten war ein reiches Land, weil die fruchtbaren Böden entlang des Nilufers gute Ernten hervorbrachten.
2. Die Bauern mussten die Hälfte aller Ernteerträge als Steuern bezahlen.
3. Die Grundstücke waren mit Grenzsteinen markiert.
4. Die Landarbeit begann, wenn die Nilflut zurückging.
5. Die Bewässerungskanäle wurden repariert. Die Felder wurden gepflügt und bestellt.
6. Die Bauern bauten Weizen, Gerste, Obst und Gemüse an.
7. Sie hielten Rinder, Schafe, Ziegen und Geflügel.

zu S. 36: „Das Land am Nil“
1. NIL
2. FRÜCHTE
3. OKTOBER
4. SCHLAMM
5. JUNI
6. NASSERSEE

zu S. 39: „Ägyptische Zahlen“
Kannst du diese Zahlen lesen? 2 362, 457, 23 603

zu S. 40: „Staunen und Rechnen“
Sachaufgaben:
a. 2551 – 2528 = 23 / Cheops regierte das Land 23 Jahre.
b. 2528 + 2022 = 4550 / Seit dem Jahr 2528 v. Chr. sind über 4 500 Jahre vergangen. Bis zum Jahr 2022 waren es genau 4 550 Jahre!
c. 100000 + 40000 = 140000 / Während der Überflutungszeit arbeiteten 140 000 Menschen am Bau der Pyramide.
d. 146 – 137 = 9 / Die Spitze war 9 m hoch.
e.

Steinblöcke	Gewicht in t
1	2,5
2	5
20	50
200	500
2 000	5 000
20 000	50 000
200 000	500 000
2 000 000	5 000 000

Die Steinblöcke der Cheops-Pyramide sind etwa 5 000 000 t schwer = 5 Millionen Tonnen.